Ouste, les loups !

Une histoire écrite par Kidi Bebey
illustrée par Anne Wilsdorf

LES BELLES HISTOIRES
BAYARD POCHE

Ma maman et mon papa ont un grand lit.
Moi, j'ai un petit lit dans ma chambre.

Une nuit, j'étais en train de dormir
tranquillement dans mon lit.
Un loup est arrivé.
Il m'a fait peur.

Alors, vite, je suis allé voir mes parents.
Papa dormait. Mais Maman m'a entendu.
J'ai chuchoté : – Il y a un loup dans mon lit...
Maman s'est frotté les yeux : – Un loup ?
J'ai répondu : – Oui, un loup. J'ai peur !
Alors elle a poussé un gros soupir.
Elle a soulevé les draps et elle m'a dit :
– Allez, couche-toi, Éloi. Et tais-toi.
On s'occupera de ce loup demain.
Je me suis couché juste à côté d'elle,
bien au chaud.

La nuit suivante, le loup est revenu
avec un de ses copains.
Ils m'ont fait très, très peur.

Tout de suite, je suis allé voir mes parents.
J'ai commencé à me glisser sous les draps.
Mais Maman s'est réveillée. Elle s'est fâchée.
– Qu'est-ce que tu fais là, en pleine nuit ?
J'ai bien vu qu'elle n'avait pas compris
ce qui se passait. Je lui ai dit :
– Chut ! Il y a encore des loups...
Je me suis enfui...
Je veux dormir avec vous...
Elle a écarquillé les yeux :
– Des loups ?
– Oui, j'ai répondu,
ils sont deux, et j'ai peur.

Maman s'est levée d'un seul bond.
Elle a dit très fort : – Ah oui, il y a des loups !
Eh bien, nous, on sait leur parler, aux loups !
Et dans ma chambre, elle a parlé aux loups :
– Vous, les loups, on n'a pas peur de vous.
Allez, ouste ! Sinon, vous aurez une fessée.
Elle s'est écartée de la porte
pour laisser passer les loups
et ils sont sortis de ma chambre.
Ils n'étaient pas
fiers du tout.

Maman m'a pris dans ses bras pour me remettre au lit.
Elle a relevé ma couette jusqu'au menton
et elle a dit : – Bonne nuit, mon chéri.

Le lendemain matin, en allant à l'école,
Maman m'a montré
comment il fallait parler aux loups s'ils revenaient :
– Tu les menaces avec ton doigt
en disant : « Loups ! Je n'ai pas peur de vous ! »
Et après, tu écartes grand tes bras
et tu refermes d'un coup sec en disant :
« Allez, ouste, les loups ! Rideau ! »
Si tu fais ça, c'est sûr, les loups
s'en iront tout honteux.

La nuit suivante,
il n'y avait plus de loup dans ma chambre.
Mais j'ai vu un monstre.
J'ai juste eu le temps de prendre
mon doudou, mon lapin et mon chien Lulu.
Je suis descendu de mon lit à toute allure.

Je me suis faufilé dans le lit de mes parents.
Papa dormait, mais Maman s'est assise.
Elle a dit : – Encore un loup, c'est ça ?
J'ai chuchoté : – Non ! Un monstre !
Je l'ai vu ! J'ai peur !
Elle a poussé un gros soupir :
– Ah ! C'est un monstre, cette fois !
Tu as essayé de le chasser ?
J'ai balbutié : – Oui... heu... non... je crois.
Je lui ai dit : « Je n'ai pas peur de toi »,
mais je ne sais pas s'il a bien compris...

Maman s'est levée :
– Viens, on va lui parler, à ce monstre.
Dans le placard de la cuisine, elle a pris un balai.
Elle m'a tendu la balayette et j'ai dû marcher vite
pour la suivre dans ma chambre.
Elle a grondé le monstre : – Monstre !
Tu n'as rien de mieux à faire que d'embêter mon fils ?
Nous, on est fatigués ! Les monstres affreux comme toi,
on les chasse à coups de balai.
Allez, tiens ! Prends ça, et file !
On a tapé le monstre. Et j'ai crié :
– Allez, ouste, le monstre ! Rideau !
Je l'ai répété trois fois,
en écartant grand mes bras
et en les refermant d'un coup sec.
Ah, ah, il n'était pas fier, le monstre !

Après, Maman a préparé deux bols de chocolat.
Elle dit toujours qu'il faut boire chaud
pour se remettre de ses émotions.
C'était bien. On voyait le jour qui se levait
et on entendait Papa qui ronflait dans la chambre.

Mais la nuit d'après, le monstre est revenu
avec un de ses copains.
Ils se sont installés près de la fenêtre.
J'ai attrapé le balai que j'avais mis près de mon lit.
Quand le monstre a vu ça, il a eu peur,
il a filé dans le couloir avec son copain.
Je les ai poursuivis, j'ai ouvert la porte d'entrée,
et je les ai poussés dans l'escalier de l'immeuble
en criant : – Allez, ouste, les monstres ! Rideau !
Je n'ai pas peur de vous ! Ça suffit ! Dehors !

Quand je me suis retourné, Maman était là.
Je voyais bien qu'elle avait l'air fatigué.
Mais elle me souriait :
– Tu as chassé les monstres, Éloi ?
C'est très très bien.

La nuit suivante,
Maman est venue voir si je dormais bien.
Elle m'a fait un bisou et ça m'a réveillé.
Elle m'a demandé :
– Il n'y a plus de monstres, cette nuit ?
J'ai répondu : – Si, ils sont venus,
mais je n'ai pas ouvert les yeux et j'ai dit :
« Ouste, les monstres ! Rideau ! » Et ils sont partis.

Maman a ri : – Cette fois, je suis sûre qu'ils ne reviendront plus. Alors, rideau, chéri.
J'ai murmuré : – Oui, Maman, rideau.
Et je crois bien que je me suis rendormi.

Kidi Bebey est née en 1961 à Paris. Après des études à l'université, elle a travaillé comme enseignante puis comme éditrice de livres techniques, avant de rentrer à Bayard Presse. Elle est aujourd'hui rédactrice en chef des magazines Planète Jeune et Planète Enfants, destinés aux enfants des pays d'Afrique francophone. Kidi adore écrire pour les petits, mais aussi pour les adultes. Ses ouvrages ont été publiés par Edicef, Hachette et NEI Nouvelles, un éditeur ivoirien.

Anne Wilsdorf est illustratrice pour la jeunesse. Elle vit actuellement en Suisse, mais travaille très régulièrement avec des éditeurs français. Ses ouvrages sont publiés aux éditions Bayard Jeunesse et Kaléidoscope.

De la même illustratrice dans Bayard Poche :
Les poux du sorcier - Grabotte la sotte (Mes premiers J'aime lire)
Marie-toi, marie-toi ! (J'aime lire)

Dépôt légal : septembre 2004
Loi du 16 juillet 1949 sur les publications destinées à la jeunesse

Achevé d'imprimer en février 2004
Imprimé en Italie